12 mai 1893

L'ATELIER

MEISSONIER

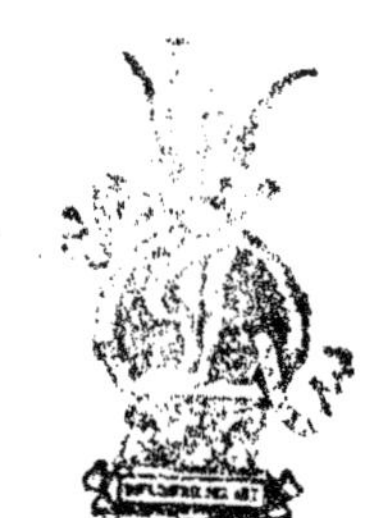

L'ATELIER

MEISSONIER

PARIS. — IMPRIMERIE DE L'ART

E. MÉNARD ET Cie, 41, RUE DE LA VICTOIRE, 41

RÉSUMÉ DU CATALOGUE

DES

TABLEAUX

ÉTUDES PEINTES

AQUARELLES ET DESSINS

COMPOSANT L'ATELIER

MEISSONIER

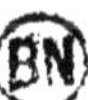

COMMISSAIRES-PRISEURS

Mᵉ PAUL CHEVALLIER	Mᵉ GEORGES DUCHESNE
10, rue Grange-Batelière, 10	6, rue de Hanovre, 6

EXPERT

M. GEORGES PETIT

12, rue Godot-de-Mauroi, 12

CONDITIONS DE LA VENTE

Elle est faite au comptant.

Les acquéreurs paieront *cinq pour cent* en sus des adjudications.

ORDRE DES VENTES

QUI AURONT LIEU

Galerie Georges Petit, 8, rue de Sèze

PREMIÈRE VENTE

COMPRENANT LES

TABLEAUX ET ÉTUDES

Les Vendredi 12, Samedi 13 et Lundi 15 Mai 1893

EXPOSITION PARTICULIÈRE : *Le Mercredi 10 Mai*

— PUBLIQUE : *Le Jeudi 11 Mai*

DEUXIÈME VENTE

COMPRENANT LES

AQUARELLES ET DESSINS

Les Jeudi 18, Vendredi 19 et Samedi 20 Mai 1893

EXPOSITION PARTICULIÈRE : *Le Mardi 16 Mai*

— PUBLIQUE : *Le Mercredi 17 Mai*

Pour satisfaire au désir qui nous a été exprimé, nous avons conservé dans ce Catalogue le numérotage du Catalogue de l'Exposition du mois de mars 1893. Les numéros sautés dans ce Catalogue portaient sur les portraits de M. Meissonier, et sur les études offertes à l'État par M. Ch. Meissonier fils.

L'ATELIER MEISSONIER

PREMIÈRE VENTE

TABLEAUX ET ÉTUDES

TABLEAUX & ÉTUDES

1 — Les Évangélistes. 750
2 — Étude de cheval.
3 — Les Amateurs.
4 — Cavaliers passant un gué.
5 — Samson luttant contre les Philistins.
7 — Charge dans un défilé. 320
8 — Portrait de Mme X...
9 — Le Jardin de Poissy. 1300
10 — Une Maison de campagne. 530
11 — Joueur de théorbe.
12 — Les Fumeurs. 5700
13 — Le Repos, étude.
14 — Au soleil. 3800
15 — Pêcheur à l'échiquier. 230
17 — Le Peintre. 1950

18 — Le Message.

19 — Portrait de Mme Sabatier.

20 — Bravi.

21 — Portrait de Mme Lehon.

22 — Printemps.

23 — La Tapisserie.

24 — Dans le parc.

25 — Chanson de geste.

26 — Au cabaret.

27 — Portrait de Mme Sabatier.

28 — La Rixe.

29 — Le Gros Dogue et le Petit Chien.

30 — Un Hallebardier.

31 — Le Poète.

32 — Un Lecteur.

34 — Un Abbé.

35 — Le Chant.

36 — Hallebardier.

37 — « Désespérée. »

38 — Fontainebleau.

39 — Concert.

40 — Cheval blanc. 1900

41 — Cheval en marche. 2150

42 — Napoléon III. 2900

43 — Buckingham : cheval. 3100

44 — Étude pour les deux Van de Welde.

45 — Cheval en marche.

46 — Chevalier allant au tournoi.

47 — Étude du maréchal Ney. 3100

48 — Rembrandt.

49 — Le Graveur à l'eau-forte. 272100

50 — Napoléon Ier.

51 — Portrait de « l'Aventurière » jument 13500

52 — Étude de cuirassier. 7500

53 — Étude de cheval brun.

54 — Un Officier supérieur. 1180

55 — Étude de cuirassiers.

56 — Un Berger brigasse.

57 — Napoléon III.

58 — Cavalier Louis XIII. 1000

59 — Portrait de Bachelier.

60 — Soldat de la première République, en faction. 11500

61 — Le Trompette de *1807*.

62 — Soliman.

63 — Cuirassier chargeant.

64 — Un Voyageur.

65 — Gentilhomme Louis XIII.

66 — Étude de jambes.

67 — Étude de canon.

68 — Un Cuirassier.

69 — Étude de cheval.

70 — Étude de dragon.

71 — Étude de cheval bai-brun.

72 — Colonel de cuirassiers.

73 — Étude de cuirassier.

74 — Étude de cuirassier.

75 — Lannes.

76 — Bessières.

77 — Étude de cheval.

78 — Étude de cheval bai.

79 — Officier d'ordonnance.

80 — La Ferme à Chenonceaux.

81 — Étude de figure.

82 — Antibes.

83 — Antibes. Un coin des vieilles murailles.

84 — Un Coin du Fort carré, à Antibes.

85 — Antibes.

86 — Antibes. Un berger.

87 — Une Rue, à Antibes.

88 — Sur les remparts d'Antibes.

89 — Femme de pêcheur, à Antibes.

90 — L'Aumône.

91 — La Mère Lucrèce.

92 — Un Cuirassier.

93 — L'Ordonnance.

94 — Antibes.

95 — Antibes.

96 — Le Plan de l'Ilette, à Antibes.

97 — Poste de hussards.

98 — Étude de cheval.

99 — Berger brigasse.

100 — Étude de guide.

102 — Étude de cheval blanc.

103 — Étude de guide.

104 — Au bord du golfe Juan.

106 — Antibes.

107 — Une Ruelle à Antibes.

108 — Antibes.

109 — Étude de cheval au galop.

110 — 1870-1871.

111 — Un Grenadier de la République.

112 — Étude de cheval bai.

113 — Intérieur d'auberge.

114 — Cavaliers en marche.

115 — L'Aumône.

116 — Hussard.

117 — Conversion de guides.

118 — Étude de cheval gris pommelé.

119 — Grenadier à cheval.

120 — Gentilhomme Louis XIII.

121 — Gentilhomme Louis XIII.

122 — Charles Ier.

123 — Gentilhomme Louis XIII.

124 — Un Homme d'armes et son cheval.

125 — Étude de cheval brun.

126 — Un Lieutenant de cuirassiers.

127 — Étude de cheval brun. 1250

129 — Un Lieutenant de cuirassiers.

130 — Voyageur à cheval.

131 — Un Guide.

132 — Nadège. 1400

133 — Cavaliers en plaine. 2350

134 — En vedette. 13500

135 — Étude de cheval noir. 1500

136 — Étude de cheval noir de cuirassier.

137 — Un Cuirassier. 3900

138 — Étude pour le *1805*. 4500

139 — Koubra. 1700

140 — Étude de cheval bai. 2000

141 — Gentilhomme Louis XIII.

142 — Dragon en vedette.

143 — Étude de cheval. 2700

144 — Un Cuirassier. 2450

145 — Étude de cheval.

146 — Un Brigadier de cuirassiers. 18000

147 — Gentilhomme Louis XIII. 16900

148 — Le Café.

149 — M. Thiers sur son lit de mort.

150 — Étude de cheval brun.

151 — Étude de cheval de guide.

152 — L'Arrivée au château.

153 — Projet de Médaille.

154 — Jeune Femme.

156 — Un Philosophe.

157 — Coup de vent.

158 — Étude de cheval.

159 — Dragon en vedette.

160 — Un Canal à Venise.

161 — Étude pour la Madone del Baccio.

162 — Le Palais Labbia.

163 — Dragon en vedette.

164 — Servante d'auberge.

165 — La Madone del Baccic.

166 — Étude de cheval gris pommelé.

167 — *1806.*

168 — Sur le balcon.

169 — Pêcheurs à la ligne.

170 — Gentilhomme Louis XIII.

171 — Un Voyageur. 1300

172 — Koubra. 4050

173 — Koubra. 2800

174 — Gentilhomme Louis XIII.

175 — Le Soir; cavaliers en plaine. 17000

176 — Un Cavalier. 5000

177 — Étude de Saint-Marc.

178 — Général Championnet. 21200

179 — Étude. 940

180 — Étude pour *le Chant*.

181 — Dragon en vedette. 14500

182 — Venise. 1700

183 — Étude de dragon à pied.

184 — Valentin. 7700

185 — Étude de cheval bai, la bouche écumante.

186 — Étude de cheval bai, le col tendu. 1300

187 — Charles-Quint. 2000

188 — Au bout du pont de Poissy. 1060

189 — Étude de figure.

190 — Un Guide à cheval.

191 — Un Guide retenant son cheval.

192 — Un Guide en selle.

193 — Un Guide sur un cheval bai-brun.

194 — Le Héraut d'armes.

195 — Le Pont de Poissy.

196 — Étude de guide.

197 — L'Aubergiste.

198 — Étude pour un officier supérieur en selle.

199 — Église Saint-Marc.

200 — Un Voltigeur.

201 — Étude pour le *1806*.

202 — Croupe de cheval.

203 — Le Postillon.

204 — Officier de cuirassiers.

205 — Pascuale.

206 — Étude de l'église Saint-Marc.

207 — Étude de cheval.

208 — Étude de soldat mort.

209 — Hercule.

210 — L'Attente.

211 — En faction.

212 — Le Matin de Castiglione. 25500

213 — Étude de cuirassier.

214 — Étude de cheval bai bridé.

215 — Étude de cheval bai, de profil. 1300

216 — Étude de cadavre. 200

217 — Étude de cheval.

218 — Étude de cheval; poitrail et jambes. 100

219 — Étude de cheval de cuirassier.

220 — Étude de guide, vu de dos. 280

221 — Étude d'officier supérieur.

222 — Étude de tête de guide. 720

223 — Étude de guide à cheval. 2000

224 — Etude d'officier supérieur. 830

225 — Étude de guide en selle.

226 — Étude d'officier supérieur. 950

227 — Étude d'officier supérieur. 1450

228 — Étude de médecin-major.

229 — Étude de casques. 525

230 — Étude de cuirassier. 1150

231 — Étude de mains. 500

232 — Étude de cuirassiers; têtes et torses.

233 — Étude de cuirassier en selle.

234 — Étude d'officier supérieur.

235 — Étude de guide, vu de face.

236 — Étude d'officier d'état-major.

237 — Étude de chabraque.

238 — Étude de cheval bai.

239 — Étude de sabre et de paquetage.

240 — Étude d'officier supérieur.

241 — Étude de grenadier.

242 — Étude de mains.

243 — Étude de grenadier.

244 — Étude d'officier de grenadiers.

245 — Étude de grenadier.

246 — Étude de bonnet à poil.

247 — Étude de grenadier.

248 — Étude de cuirassier.

249 — Étude de tête de cheval brun.

250 — Étude de chapeau.

251 — Étude de cheval; tête.

252 — Étude d'officier supérieur.

253 — Étude de grenadier. 1200
255 — Etude de chabraque.
256 — Étude de casque. 180
257 — Étude de botte. 105
258 — Étude de cheval; tête et avant-main.
259 — Étude de selle.
260 — Étude de cheval bai-cerise.
261 — Étude de cheval; tête.
262 — Étude de chabraque.
263 — Étude de figure. 1180
264 — La Vieille Fileuse. 1050
265 — Étude de figure. 650
266 — Étude pour le *Solférino*. 385
267 — Étude d'officier général. 1200
268 — Etude d'officier général. 300
269 — Étude de figures Louis XV. 530
270 — Étude de figures.
271 — Étude de figures. 720
272 — Cavalier Louis XIII.
273 — Soldat Louis XIII.
274 — Cavalier Louis XIII.

275 — Néra.

276 — Nadège.

277 — Koubra.

278 — Étude de jambe.

279 — Étude de cuirassier.

280 — Étude de jambe.

284 — Tête de cheval bai-brun.

285 — Étude de dragon.

286 — Étude de cheval ; tête et poitrail.

287 — Étude de cheval.

288 — Étude de cuirassier.

289 — Étude de cheval.

290 — Étude de cheval ; tête de profil.

291 — Étude d'officier supérieur.

292 — Étude de cheval bai.

293 — Étude de cheval bai-brun.

294 — Étude de cheval blanc.

295 — Étude de cheval portant une selle.

296 — Étude de cheval ; tête de profil.

297 — Étude de guide.

298 — Étude de cheval ; tête bridée.

299 — Étude de cheval; jambe. 140
300 — Étude de cheval bai au galop. 700
301 — Étude de jambe de cheval.
302 — Étude de cheval; jambe et arrière-train.
303 — Étude de cheval; jambes, poitrail et tête. 430
304 — Étude de cheval. 105
305 — Étude de cheval; avant-main. 200
306 — Étude de cheval pommelé; avant-main. 480
307 — Étude de cheval; cuisse gauche.
308 — Étude de jambe de cheval au galop.
309 — Étude de jambe de cheval au galop.
310 — Étude de cheval; tête, poitrail. 2200
311 — Étude de cheval; poitrail. 100
312 — Étude de jambe de cheval au galop. 130
313 — Étude de cheval; plusieurs jambes.
314 — Étude de cheval; avant-main et jambe.
315 — Étude de cheval; poitrails.
316 — Étude de cheval; tête, la bouche ouverte.
317 — Étude de cheval brun au galop. 950
318 — Étude de cheval; tête. 460
319 — Étude de cheval blanc.

320 — Étude d'officier général.

321 — Étude de cheval noir sellé.

322 — Étude de cheval alezan.

323 — Étude d'officier de cuirassiers.

325 — Étude de cheval brun.

326 — Étude de l'Empereur en selle.

327 — Étude de cheval blanc.

328 — Étude de cheval alezan.

329 — Étude de cheval alezan hennissant.

330 — Un Joueur de boules.

331 — Étude d'âne.

332 — Un Joueur de boules.

333 — Étude de cheval blanc.

334 — Étude de cheval alezan en marche.

335 — Étude de cheval; train d'arrière.

336 — Une Voiture d'autrefois.

337 — Étude de cheval gris pommelé.

338 — Un vis-à-vis Louis XV.

339 — Étude de cheval blanc.

340 — Étude de cheval gris pommelé.

341 — Étude de cheval gris en marche.

342 — Étude de cheval; tête, encolure et poitrail.

343 — Bukingham.

344 — Étude pour une tête de cheval.

345 — Étude de cheval bai.

346 — Étude de cheval bai.

347 — Étude de cheval alezan au trot.

348 — Étude de cheval brun.

349 — Étude de cheval alezan.

350 — Étude de cheval alezan, vu en croupe.

351 — Étude de cheval bai.

352 — Étude de cheval blanc harnaché.

353 — Étude de main droite.

354 — Étude de main.

355 — Étude de main.

356 — Étude de cheval; tête.

357 — Étude de cheval; deux têtes.

358 — Étude de cheval; jambes.

359 — Paysage.

360 — A Beaulieu.

361 — Une Gondole.

362 — A Venise.

363 — Marine.

364 — Une Plage.

365 — Venise.

366 — La Côte des Grès.

367 — En forêt de Saint-Germain.

368 — Côte des Grès.

369 — Étude de terrain.

370 — Sous bois.

371 — Évian.

372 — Paysage.

373 — Un Escalier.

374 — Paysage.

375 — Paysage.

376 — Ouchi.

377 — Un Porche d'église.

378 — Paysage.

379 — Route d'Antibes.

380 — Étude d'officier.

381 — Le Général Rose.

382 — Un Colonel.

383 — Un Joueur de boules.

384 — Nera.

385 — Un Mendiant.

393 — Étude de figure; femme blonde.

394 — Étude de figure; femme brune.

DEUXIÈME VENTE

AQUARELLES ET DESSINS

AQUARELLES

GOUACHES ET SÉPIAS

---

396 — En sortant du prêche.

397 — Les Forçats.

398 — La Chaîne.

399 — Portrait de M. Meissonier.

400 — Étude de jeune femme.

401 — Étude de figure.

402 — Un Spadassin.

403 — Au bivouac.

404 — Camp de Riovego.

405 — Un Canon attelé.

406 — Polichinelle.

407 — Les Amateurs de peinture.

408 — Nuremberg.

409 — Napoléon Ier.

410 — Un Grenadier.

411 — Étude de canon.

412 — Porte-Drapeau.

413 — Antibes.

414 — Étude de cheval.

415 — Henri IV.

416 — Ruines des Tuileries.

417 — Batterie en marche.

418 — Étude de canon.

419 — Étude de cheval.

420 — Étude de figure.

421 — La Partie de piquet.

422 — Charles Ier.

423 — Le Guide.

424 — 1805.

425 — Sous le balcon.

426 — Étude pour le Panthéon.

427 — Garde-française.

428 — Étude pour *l'Affaire Clémenceau.*

429 — Sur l'escalier.

430 — Le Bon Hôtelier.

431 — Étude de paysage.
432 — Un Gentilhomme.
433 — Réception au château.
434 — Étude de dragon.
435 — Chemin sous la forêt.
436 — Dragon en vedette.
437 — Le Peintre.
438 — Aide de camp et son escorte.
439 — Dragon en vedette.
440 — En forêt ; étude Peinte 200
441 — Étude de dragon en selle.
442 — Étude de dragon sur cheval bai.
443 — Étude de dragon en selle, de trois quarts.
444 — Étude de dragon avec carabine.
445 — Étude de dragon en selle.
446 — Étude de dragon, vu de face.
447 — Étude de dragon en selle.
448 — Étude de dragon pour *le Guide*.
449 — Étude pour le *1805*.
450 — Le Guide.
451 — Le Voyageur.

452 — Un Soupçon.
453 — Le Baiser.
454 — Bacchus.
455 — Étude de guide.
456 — Étude pour un cuirassier.
457 — Étude pour un cuirassier.
458 — Étude pour un cuirassier.
459 — Étude pour un cuirassier.
460 — Étude pour un cuirassier.
461 — Étude de bottes.
462 — L'Aigle à l'épée.
463 — Dragon de l'armée d'Espagne.
464 — Jeanne d'Arc.
465 — Gentilhomme Louis XIII.
466 — Hercule.
467 — Bacchus.
468 — Un Abbé lisant.
469 — Officier supérieur.
470 — Gentilhomme Louis XIII.
471 — Un Vénitien.
472 — Étude de cavalier.

473 — Cavalier en plaine.

474 — Officier en observation.

475 — Étude de femme nue.

476 — *Lazarille de Tormès;* illustration.

477 — Portrait de Mme Sabatier.

478 — Gentilhomme Louis XIII.

479 — Récit de la prise de Berg-op-Zoom; étude.

480 — Étude de trompette de mousquetaires.

481 — Étude de cheval.

482 — Un Hussard.

483 — Étude de cheval; jambes et arrière-train.

484 — Étude de cuirassier.

485 — Étude de main.

486 — Fumeur.

487 — Étude de mousquetaire en selle.

488 — Étude de mousquetaire.

489-490 — Dans un même cadre :

Gentilhomme Louis XIII.

Jeune Femme.

491-492 — Dans un même cadre :
Un Gentilhomme Louis XIII.
Un Écuyer.

493-494 — Dans un même cadre :
Étude de manche.
Gentilhomme Louis XIII.

495 à 497 — Dans un même cadre :
Koubra.
Koubra.
Koubra.

498 — La Saint-Barthélemy.

499 — Dernières Nouvelles.

DESSINS

A LA PLUME, A LA MINE DE PLOMB, A LA SANGUINE

---

500 — Étude pour un tableau représentant Charles le Téméraire.

501 — Étude.

502 — Étude pour *les Prophètes.*

503 — Le Docteur. (*Chaumière indienne.*)

504 — Étude pour *les Évangélistes.*

505 — Étude pour *les Évangélistes.*

506 — Étude pour *les Evangélistes.*

507 — Étude pour *les Evangélistes.*

508 — Étude pour *les Évangélistes.*

509 — Étude de draperie.

510 — Étude pour *Un Philosophe.*

511 — Bateaux de charbon.

512 — La Rade du Havre.

513 — Étude pour *le Livre du Mariage.*

515 — Croquis pour une illustration de Balzac.

516 — Étude pour *les Prophètes.*

517 — Croquis pour un tableau d'Esther.

518 — Étude de manche.

519 — Étude pour un tableau d'Esther.

520 — Une Page d'études.

521 — Études de mains.

522 — Étude de mains.

523 — Portrait de M. P.

524 — Croquis pour *le Livre du Mariage.*

525 — Étude de jambe.

526 — Paysanne.

527 — La Sainte Famille.

528 — Étude pour des joueurs au corps de garde.

529 — Étude de main, de jambe et de soulier.

530 — Étude pour des joueurs au corps de garde.

531 — Un Valet Louis XV.

532 — Étude d'armure.

533 — Étude pour un tableau de buveurs.

534 — Homme en demi-armure.

535 — Étude pour la *Suite d'une querelle de jeu.*

536 — Un Chevalier.

537 — Croquis d'armure.

538 — Étude pour *les Bouquinistes.*

539 — Étude pour *les Bourgeois de Calais.*

540 — Étude pour *les Bourgeois de Calais.*

541 — Étude pour le *Corneille.*

542 — Étude pour le *Samson.*

543 — Étude pour le *Samson.*

544 — Les Forçats.

545 — Étude pour *Lazarille de Tormès.*

546 — Étude pour une Esther.

547 — Jeanne d'Arc.

548 — Étude de figure.

549 — Étude pour *Un Amateur de peinture.*

550 — Le Vieux Célibataire.

551 — Portrait du Dr Lefebvre.

552 — Étude pour *la Lecture.*

553 — Études pour *la Barricade*.

554 — Étude pour *la Barricade*.

555 — Étude pour *la Barricade*.

556 — Étude pour *la Barricade*.

557 — Étude pour *la Barricade*.

558 — Étude pour *la Barricade*.

559 — Étude pour *la Barricade*.

560 — Étude pour *la Barricade*.

561 — Étude pour *la Barricade*.

562 — Étude pour *la Barricade*.

563 — Les Buveurs.

564 — Portrait de Théophile Gautier.

565 — La Lecture.

566 — Les Bouquinistes.

567 — Le Café.

568 — Gentilhomme Louis XV.

569 — La Poignée de main.

570 — Un Chevalier.

571 — Deux Mousquetaires.

572 — Un Bourgeois de Paris.

573 — Étude de femme.

574 — Idylle.

575 — Étude pour un *Dimanche à Poissy.*

576 — Étude pour *le Dimanche à Poissy.*

577 — Étude pour *le Dimanche à Poissy.*

579 — Le Carrosse du Cardinal.

580 — Étude pour *la Lecture.*

581 — La Tapisserie.

582 — Étude pour *Un Fumeur.*

583 — Étude pour un Joueur de boules.

584 — Portrait de Mme Sabatier.

585 — Gentilhomme Louis XV.

586 — Étude pour les *Joueurs de boules à Saint-Germain.*

587 — Un Joueur de boules.

588 — Étude pour un Joueur de boules.

589 — Un Bonhomme Louis XV.

590 — Mousquetaire.

591 — Croquis pour un costume de comédie.

592 — Étude pour un Joueur de boules.

593 — Un Liseur.

594 — Croquis pour *Un Amateur de peinture.*

595 — Joueur de boules.

596 — Étude *pour les Joueurs de boules.*

597 — Croquis pour un Joueur de boules.

598 — Croquis d'un gentilhomme de 1610.

599 — Étude d'un gentilhomme.

600 — Étude pour *l'Arioste.*

601 — Étude pour *l'Arioste.*

602 — Étude pour un Conte rémois.

604 — Atelier de M. Geoffroy Dechaume.

605 — Études de jambes.

606 — Une Maréchalerie à Poissy.

607 — Croquis pour *le Jeûne rompu.*

608 — Étude pour un Conte rémois.

609 — Étude pour un Conte rémois.

610 — Étude pour *l'Aveu naïf.*

611 — Étude pour un Conte rémois.

612 — Croquis pour un Conte rémois.

613 — Croquis pour un Conte rémois.

614 — Étude pour *la Confidence.*

615 — Polichinelle.

616 — Études pour têtes de Polichinelle.

617 — Un Chevalier.

618 — Un Liseur.

619 — Un Liseur.

620 — Étude pour *le Gros Dogue et le Petit Chien*.

621 — Étude pour un Conte rémois.

622 — L'Aumône.

623 — Étude pour un Conte rémois.

624 — Croquis pour l'Incroyable.

625 — Étude de vieillard.

626 — Étude pour *l'Arioste*.

627 — Étude pour *l'Arioste*.

628 — L'Impératrice à Nancy.

629 — Étude pour *l'Arioste*.

630 — Étude de femme.

631 — Étude pour *l'Arioste*.

632 — Croquis de l'épée de Napoléon Ier.

633 — Étude de manches.

634 — Étude pour le *1807*.

636 — Femme de pêcheur, à Antibes.

637 — Étude pour le *1807*.

638 — Étude pour *l'Affaire Clémenceau.*

639 — Projet de peinture décorative.

640 — Une Leçon d'armes.

641 — Étude pour *le Bon Hôtelier.*

642 — Étude pour *la Cavalcade.*

643 — Un Cuirassier.

644 — L'Enfant prodigue.

645 — Koubra.

646 — Portrait de M. Gunzbourg.

647 — Croquis pour *l'Arrivée au château.*

648 — Croquis pour *l'Arrivée au château.*

649 — Officier de cuirassiers.

650 — Officier de cuirassiers.

651 — Étude pour *l'Arrivée au château.*

652 — Croquis pour une remarque de gravure.

653 — Cavaliers et fantassins.

654 — Étude de femme.

655 — Étude d'homme renversé.

656 — Un Satisfait au XVIIIe siècle.

657 — La Collation.

658 — Étude de figure.

659 — Etude d'homme.

660 — Étude de figure.

661 — Un Bonhomme.

662 — Un Hallebardier.

663 — Un Vénitien.

664 — Un Soudard.

665 — Étude de guide.

666 — Soldat de la première République.

667 — Étude de cheval.

668 — Tambours.

669 — Etude de tambour.

670 — Un Fantassin.

671 — Étude de jambes.

672 — Un Buveur.

673 — Un Cavalier.

674 — Page d'études.

675-676 — Dans un même cadre :

Etude.

Étude.

677 — Dans un même cadre :

Dix petits dessins.

678 à 680 — Dans un même cadre :

Un corps de vierge assise.

Un Bonhomme.

Un Homme nu écroulé sur le sol.

681-682 — Dans un même cadre :

Ivrogne buvant.

L'Ivrogne endormi.

683 à 685 — Dans un même cadre :

Un Gentilhomme Moyen-Age marchant.

Un Soldat du siècle dernier.

Académie d'homme.

686 à 688 — Dans un même cadre :

Un Bonhomme du siècle dernier.

Un Gentilhomme vénitien.

Un Bourgeois du siècle dernier.

689 à 691 — Dans un même cadre :

Une jambe droite.

Étude académique.

Même genre d'étude.

692 — Dans un même cadre :

Cinq feuillets d'études de mains.

693-694 — Dans un même cadre :

Un Bonhomme Louis XV.

Un Bonhomme assis.

695-696 — Dans un même cadre :

Gentilhomme Louis XV assis.

Deux personnages Louis XV.

697 à 699 — Dans un même cadre :

Portrait de jeune homme assis.

Des Bonshommes.

Un Peintre.

700 à 702 — Dans un même cadre :

Jeune Femme en costume Louis XV.

Une collation sur la mousse dans un parc.

Une Jeune Femme Louis XV.

703 à 705 — Dans un même cadre :

Jeune Femme Louis XV.

Jeune Femme Louis XV.

Jeune Femme.

706-707 — Dans un même cadre :

Un Gentilhomme Louis XV.

Assis dans un fauteuil.

708 à 710 — Dans un même cadre :

Le Forgeron à son établi.

Le Forgeron.

Le Forgeron.

711 à 713 — Dans un même cadre :

Un Bourgeois du siècle dernier.

Cinq Études de mousquetaires en selle.

Un Gentilhomme Louis XIV, en selle.

714 à 716 — Dans un même cadre :

Un Spadassin.

Une Petite Paysanne.

Un Reître.

717 à 719 — Dans un même cadre :

Croquis pour un personnage.

Un Gentilhomme Louis XIII.

Un Soldat d'autrefois.

720-721 — Dans un même cadre :

Un Vénitien.

Le même Vénitien.

722 à 724 — Dans un même cadre :

Tête d'officier supérieur.

Officier supérieur en selle.

Officier supérieur.

725 à 727 — Dans un même cadre :

Un Artilleur en selle.

Un Officier de guides en selle.

Un Voltigeur en selle.

728 à 730 — Dans un même cadre :

Guide en selle.

Officier de grenadiers.

Un Artilleur en selle.

731 à 733 — Dans un même cadre :

Un Guide en selle.

Un Officier supérieur en selle.

Un Guide en selle.

734 à 736 — Dans un même cadre :

Figure d'aubergiste souriante.

Étude de femme d'aubergiste.

Deux têtes d'enfants souriants.

737 à 739 — Dans un même cadre :

Un Mousquetaire en selle.

Un Mousquetaire en selle.

Un Mousquetaire en selle.

740-741 — Dans un même cadre :

Un Général du premier Empire.

Un Bonhomme.

742-743 — Dans un même cadre :

Officier supérieur.

Étude de jambes.

744 à 749 — Dans un même cadre :

Étude pour *le Guide*.

Un Dragon en selle, vu de dos.

Dragon en selle.

Dragon en selle.

Dragon en selle.

Dragon en selle.

750 à 755 — Dans le même cadre :

Dragon en selle.

Dragon en selle.

Dragon en selle.

Dragon en selle.

Dragon en selle.

756-757 — Dans un même cadre :

Un Écuyer tenant une bride.

Un Mousquetaire.

758-760 — Dans un même cadre :

Tête d'officier de cuirassiers.

Grenadier en faction.

Tête d'officier supérieur.

761 à 763 — Dans un même cadre :

Une main levée à la poignée d'un sabre de cuirassier.

Officier bavarois mort.

Avant-bras et main de cuirassier à la poignée d'un sabre.

764 à 766 — Dans un même cadre :

Officier de cuirassiers en selle.

Tête de guide.

Officier de cuirassiers en selle.

767 à 772 — Dans un même cadre :

Guide en selle.

Guide.

Guide en selle.

Guide en selle.

Un Guide.

Un Guide en selle.

773 à 775 — Dans un même cadre :

Un Gentilhomme Louis XV.

Vierges en prière.

Une Jeune Femme.

776-777 — Dans un même cadre :

Cheval.

Études académiques.

778 à 780 — Dans un même cadre :

Un Homme.

Un Homme.

Un Gentilhomme Louis XV.

781 à 783 — Dans un même cadre

Un Homme couché sur le dos.

Homme vu de dos.

Étude.

784 à 786 — Dans un même cadre

Un Gentilhomme Louis XIII.

Un Gentilhomme Louis XV.

Une Jeune Femme.

787 à 789 — Dans un même cadre :

Jeune Femme.

Jeune Femme.

Portrait de Mme Sabatier.

790 à 792 — Dans un même cadre :

Femme drapée.

Étude de manteau.

Étude de jambe.

793 à 795 — Dans un même cadre :

Un Homme.

Un Mousquetaire à cheval.

Étude d'homme nu.

796 à 798 — Dans un même cadre :

Des chevaux dételés.

La Seine.

Un Cloître.

799 à 801 — Dans un même cadre :

Une Jeune Femme assise sur le sol.

Portrait de Pierre Corneille.

Un Homme jeune.

802 à 804 — Dans un même cadre :

Étude de torse d'homme assis.

Gentilhomme Louis XV.

Étude d'avant-bras croisé.

805-806 — Dans un même cadre :

Portrait d'homme.

Un Gentilhomme Louis XV.

807 à 812 — Dans un même cadre :

Artilleur à cheval.

Cent-garde en selle.

Deux Guides en selle.

Un Officier supérieur en selle.

Un Soldat d'artillerie.

Un Artilleur debout.

813 à 815 — Dans un même cadre :

Sur un cheval lancé au galop.

Deux Têtes de cheval.

Cheval de profil.

816 à 818 — Dans un même cadre :

Frontal.

Cuirassier criant.

Une Tête de cheval.

819 à 821 — Dans un même cadre :

Étude d'armures.

Sloughi.

Un Guide mort.

822 à 824 — Dans un même cadre :

Étude de cuirassier.

Étude de cuirassier en selle.

Étude de cuirassier.

825 à 830 — Dans un même cadre

Officier supérieur.

Officier supérieur.

Officier supérieur.

Une Tête de gendarme coiffé du bicorne.

Tête d'artilleur.

Tête d'un bonhomme Louis XV.

831-832 — Dans un même cadre :

Étude de culottes.

Un Bonhomme Louis XV.

833 à 835 — Dans un même cadre :

Deux jambes.

La culotte d'un reître et ses cuisses.

Une jambe droite croisée devant la gauche.

SUPPLÉMENT [1]

ÉTUDES PEINTES, AQUARELLES ET DESSINS

(1) Les études, esquisses, aquarelles et dessins, compris dans ce supplément, sont ceux qu'on n'avait pu faire figurer à l'Exposition de l'Atelier du maître, organisée dans les galeries G. Petit au mois de mars 1893.

PREMIÈRE VENTE

LES ÉTUDES PEINTES

836 — Étude de cheval.

837 — Le Soupçon.

838 — Le Pont de Poissy.

839 — Étude de cuirassier.

840 — Esquisse du tableau d'*Esther*.

841 — Esquisse pour l'*Arioste*.

842 — Esquisse de l'*Arioste*.

843 — Étude de forêt.

844 — Étude pour la *Partie de cartes*.

845 — Uu Gentilhomme Louis XV.

846 — Étude de selle.

847 — Esquisse d'une troupe.

848 — Étude d'un bras de cuirassier.

849 — Étude de mer à Antibes.

850 — Avant-main de cheval bai.

851 — Étude de paysage.

852 — Étude des vieux remparts d'Antibes.

853 — Étude de berger brigasse.

854 — Étude de terrain.

855 — Étude de nature.

856 — Étude de manteau.

857 — Études de chevaux bais.

858 — Un Coin de bois.

859 — Monogramme de M. Meissonier.

860 — Dans la plaine.

861 — Étude de paysage.

862 — Un Florentin.

863 — Étude pour le récit de la bataille de Berg-op-Zoom.

864 — Étude des environs d'Antibes.

865 — Étude d'un fumeur en habit rose.

866 — Un Gentilhomme Louis XIII.

867 — Étude de figure.

868 — Tête et poitrail d'un cheval bai.

869 — Dans la futaie.

870 — Une Plage.

871 — Étude de gentilhomme Louis XIII.

872 — Étude d'officier supérieur.

873 — Étude pour le Polichinelle à la Rose. 230

874 — Étude pour *le Baiser*.

875 — Étude de lévrier blanc. 200

876 — Étude de selle. 105

877 — Étude de mains de cuirassiers.

878 — Étude de joueurs de boules à Antibes. 1200

879 — Étude d'officier supérieur en selle. 250

880 — Paysage. 180

881 — Étude de femme agenouillée.

882 — Étude de guide en selle. 550

883 — Étude de cheval bai-brun. 250

884 — Étude pour *le Chant*.

885 — Étude de chabraque. 100

886 — Étude de jambes de derrière d'un cheval. 105

887 — Étude pour un officier de grenadiers.

888 — Étude de bras droit de cuirassier levé. 145

889 — Étude de paysage.

890 — Étude de paysage. 290

891 — Étude de trompette de dragons en selle.

892 — Un Voyageur. 550

893 — Étude pour *le Postillon.*

894 — Étude de deux reîtres.

895 — Étude de Muse à demi vêtue.

DEUXIÈME VENTE

AQUARELLES

896 — Étude de gentilhomme Louis XIII.
897 — Étude de campement.
898 — Au coin du foyer.
899 — Étude de bras de cuirassier pour le *1807*.
900 — Étude pour le cavalier à Antibes.
901 — Une Batterie d'artillerie.

DESSINS

902 — Étude pour *les Évangélistes.*
903 — Étude pour *les Évangélistes.*
904 — Étude pour *les Évangélistes.*
905 — Étude pour *les Évangélistes.*
906 — Une Tête de Vierge.
907 — Les Évangélistes.

908 — Assuérus, pour un tableau d'*Esther*.

909 — Étude d'homme, pour le tableau d'*Esther*.

910 — Jeune Femme assise. Étude pour *l'Arioste*.

911 — Femme assise. Étude pour *l'Arioste*.

912 — Composition allégorique.

913 — Composition allégorique.

914 — Études pour *la Barricade*.

915 — Une Vieille Rue de Paris.

916 — Croquis.

917 — Un Mousquetaire.

918 — Étude d'un gentilhomme.

919 — Étude pour *l'Arrivée au château*.

920 — Épreuve de *la Lecture chez Diderot*.

921 — Étude de personnage Louis XV.

922 — Mousquetaires à cheval.

923 — Un Gentilhomme Louis XIII.

924 — Étude pour le vêtement d'un homme assis.

925 — Étude d'un homme en costume Louis XV.

926 — Un Homme assis à un bureau.

927 — Un Gentilhomme Louis XVI.

928 — Étude pour *les Forçats*.

929 — Étude de cavalier du premier Empire.

930 — Un Cavalier Moyen-Age.

931 — Étude pour un joueur de boules.

932 — Le Violoncelliste.

933 — Étude pour le Polichinelle à la Rose.

934 — Étude de cuirassiers.

935 — Étude de grenadiers, l'arme au bras.

936 — Officiers supérieurs en selle.

937 — Croquis de gens en bateau.

938 — Étude de paysage.

939 — Dans un même cadre :
Deux études de figures agenouillées.

940 — Dans un même cadre :
Études de tête, de mains, et d'homme couché.

941 à 943 — Dans un même cadre :
Étude de main.
Figure décorative de femme debout.
Un Cheval.

944 — Dans un même cadre :
Études de draperies.

945 à 947 — Dans un même cadre.

Un Fumeur assis.

Une Femme debout.

Un Gentilhomme Louis XV.

948 à 950 — Dans un même cadre :

Des Joueurs attablés.

Études de femmes.

Un Sergent-recruteur.

951 à 953 — Dans un même cadre :

Gentilhomme Louis XIII.

Jeune Femme en costume Louis XIII.

Cavalier Louis XIII.

954 à 956 — Dans un même cadre :

Mousquetaire.

Officier supérieur en selle.

Un Personnage en costume Louis XV.

957-958 — Dans un même cadre :

Têtes de cuirassiers.

Tête de Napoléon Ier.

959 à 961 — Dans un même cadre :

Officier de grenadiers.

Croquis de jambes de cavalier en selle.

Un Grenadier.

962 à 964 — Dans un même cadre :

Deux Soldats.

Un Cocher de corbillard.

Mousquetaire en selle.

965 à 967 — Dans un même cadre :

Un Homme assis.

Jeune Femme assise.

Un Homme assis.

968 à 970 — Dans un même cadre :

Étude de manche gauche.

Étude de robe.

Étude de draperies antiques.

971 à 973 — Dans un même cadre :

Un Personnage Louis XV.

Étude de soldat.

Étude de soldat.

974 — Dans un même cadre :

Le Pont, le Torcello et les dormeurs de la Piazeta.

975 — Dans un même cadre :

Études de bateaux et de gondoles.

976 à 978 — Dans un même cadre :

Études de jupes d'une femme debout.

Étude d'homme assis.

Une Vierge, debout, de face.

979 à 981 — Dans un même cadre :

Étude de femme assise sur le sol.

Étude de femme en costume Louis XV.

Étude d'un bonhomme assis.

982 à 984 — Dans un même cadre :

Étude de jambes de gentilhomme Louis XV.

Tête de cheval bridée.

Cheval vu de dos.

985 — Dans un même cadre :

Trois têtes d'homme.

986 à 988 — Dans un même cadre :

Un Homme.

Étude de draperie.

Un Homme légèrement penché en avant.

989 à 991 — Dans un même cadre :

Paysage.

Un Homme couché.

Études pour *la Barricade*.

992 — Dans un même cadre :

Des corps renversés sur le sol.

993-994 — Dans un même cadre :

Gentilshommes du siècle dernier.

Étude de gilet.

995 — Dans un même cadre :

Des corps renversés sur le sol

996-997 — Dans un même cadre :

Devant des personnages attablés.

Personnage assis et dessinant.

998-999 — Dans un même cadre :

Mousquetaires en selle.

Chevaux dans leur box.

1000-1001 — Dans un même cadre :

Des Gens assis et debout.

Les Joueurs de trictrac.

1002 à 1004 — Dans un même cadre :

Étude pour *la Convalescente.*

Étude pour *l'Enfant prodigue.*

Étude pour une illustration de *Lazarille de Tormès.*

1005 à 1007 — Dans un même cadre :

Un Dîner de gala au siècle dernier.

Jeune Femme couchée.

Étude de personnes écoutant.

1008-1009 — Dans un même cadre :

Des Gens inclinés à la porte d'un carrosse.

Un Carrosse du siècle dernier.

1010-1011 — Dans un même cadre :

Une Femme assise.

Une Femme assise.

www.ingramcontent.com/pod-product-compliance
Ingram Content Group UK Ltd.
Pitfield, Milton Keynes, MK11 3LW, UK
UKHW022126260726
13993UKWH00003B/1252

9 782329 537368